가 훈

고마워 할줄 알고
미안해 할줄 알고
부끄러워 할줄 아는
사람이 되자

돈키호테 피리소리 하

초판 1쇄 인쇄 2014년 2월 25일
초판 1쇄 발행 2014년 3월 10일

지은이 기라성
펴낸이 유창수
펴낸곳 하나플러스
서울시 성동구 용답동 용답25 다길 18
Tel (02) 2232-8319
Fax (02) 2232-8320

디자인 디자인여우야(umbobb@daum.net)
등록번호 206-24-82305

ISBN 978-89-968584-0-9(13800)

하

기라성 시인

하나PLUS

추·천·글·1

내가 기라성 작가를 알게 된 것은 서울 성동구 기능장애인협회에서입니다. 나는 과거 불행하게도 유선통신사 시험을 치러 전남 광주(光主)에 가서 어느 싸구려 여관에 들었다가 오후 2~3시쯤 되어 건장한 두 형사에 의해 무수히 구타를 당하면서 간첩으로 남파했으니 불라는 것이었습니다. 언제 상륙했으며 남파 목적이 무엇이며 몇 놈이나 남파 했느냐? 등, 공무원인 나와는 하등의 관계가 없는 고문을 받았으며, 그들이 자세히 조사해 보더니 무고하다는 것을 알고 도망치듯 가버렸습니다. 이 모두는 내가 싸구려 여관에 든 것이 잘못이었고, 형사들이 모스부호를 모르는 것이 원인이었습니다. 어쨌든 그 후, 나는 후유증으로 장애인이 되어 우체국을 그만두고 3년여 동안 투병생활을 하다 완치되어 사회생활을 시작하게 되었습니다. 서두부터 시와는 관련 없는 얘기를 하게 된 것은, 내가 장애자여서 기라성작가를 만나게 된 것을 말하기 위해서입니다. 그때부터 기라성작가를 [국제문예]에 수필로 등단시키게 되었습니다. 그런데 기라성작가가 수필만 쓰는 줄 알았더니 시와 칼럼은 물론 결혼식 축시낭송 결혼식 주례 등 폭넓은 지역 활동을 하는 것을 알게 되었습니다. 기라성시인의 시들은 대부분 서정성이 짙은 시들이 많은데 반해, 현실참여시도 눈에 띕니다.[뉴스에 고함] 이라는 시를 인용해 보겠습니다.

내부적 싸움과 갈등/ 암투 비방 폭로 보다는 나라의 장래를 생각했던 애국자들!/ 민간인 사찰/ 인사개입/ 비선조직 배후 조직/ 능 비슷한 메뉴/ 등장한 새 인물도 결국 권력 싸움의 승자이기에/ 기대와 신선함은/ 애초부터 없었다./ 큰 권력의 전사는/ 전 정권에도 전전 정권에도/ 더 전 정권에도 있었기에/ 그 나물에 그 밥/ 충성심은 해제하고/ 나라의 운명을 생각하는/ 고뇌의 결단과/ 활발한 대화와 소통으로/ 각계각층의/ 확장된/ 고능률의 스펙트럼이 그립다. 이 시에서 느낄 수 있듯이 기라성시인은 매우 애국적이고 예리한 통찰력으로 시대를 관찰하고 있습니다. 어쩌면 현실참여시라고 할 수 있겠습니다. 또 [대한민국 국회]를 보면 허송세월 원 구성/ 허송세월 의장 선출/ 법 위반 수뢰 혐의/ 의원직 상실 극대화와/ 기록 경신용 회의장 점거 일상화/ 폭발적 법률 발의/ 안건 처리 무관심/ 마지못한 안건 가결/ 기억 못할 바닥 숫자/ 쇼당패 접하면/ 무더기 안건 가결/ 무더기 안건 부결/ 바리케이드 설치/ 기마전 마냥 능하고/ 해머에 전기톱/ 이공계 희망주네/ 입으로만 민생/ 돌아서면 포퓰리즘/ 식물국회 직무유기/ 막장국회 추태정치/ 학연 지연 혈연이/ 졸속과 부패를 키우고/ 의정난맥 파행정국/ 환상과 향수로 대신하네./ 필요시 대화 협상/ 피곤이 누적되니/ 해외연수 한 번에/ 조금은 풀리는데/ 낙하산도 펴야 되고/ 총알도 장전하자니 /같이 하는 비슷한 짓/ 눈치 볼 필요 있나, 이 시에서 말하고 있듯이 기라성 시인은 [대한민국 국회를] 신랄하게 비판하고 있습니다. 다음 기라성 시인의 고향은 바로 류관순 열사가 태어난 곳입니다. 우리나라의 류관순 열사는 영, 불의 백년전쟁을 종식시킨 [잔 다르크]나 다름없는 순국 소녀입니다. 그래서 그 호연지기(浩然之氣)가 잘 나타나 있는데 기라성 시인은 또한 반공정신에 남다릅니다. 그 시는 [6.25]에 잘 나타나 있습니다. 또한 기능장애인협회 봉사단장으로써 봉사활동 역시 남다릅니다. 앉은뱅이 장애인을 목욕시켜 주는 봉사활동은 거의 눈물겹다고 할 수 있습니다. 그리고 [천안함 영령들이여]에서는 산자의 미안함은 평생 악몽이고/ 산자의 죄책감은/ 차라리 지하 감옥이 편할 것 같구나/ 같아 할 수만 있다면/ 바다에 몸을 던지고 싶구나[후략] 이 시귀절 만으로도 그의 순수무구한 애국심과 죽은 영혼들에게 미안해하는 마음이 극에 달하고 있습니다. 시인의 시집 돈키호테 피리소리1, 2권을 읽으며. 기라성 시인이야말로 이 사회 와 문단에서 필요한 사람이라고 믿고 기대합니다.

출판을 축하하며 대한민국 문단에 빛과 소금이 되기를 기대해 봅니다.

윤형복 1965년 동아일보 신춘문에 소설부분 당선 · 원로 문인 ·
공산권문제연구소 연구위원 겸 어린이자유 편집장 역임

추 · 천 · 글 • 2

시인님을 처음 뵙게 된 것은 어느 운동단체에서 총감독을 맡으셨을 때 열정과 리더십! 카리스마에 반해 가까이 지내고 싶은 매력에 푹 빠졌었습니다.

인연이 되어 회사에 모시게 되어 요즘같이 경제가 어려운 시기에 경영상의 고민이나 애로를 상담하고 회사 관리상의 문제에 봉착 할 때도 길을 찾아주셔서 든든한 버팀목이 됩니다.

직원들도 시인님을 모두 좋아 하며 회사의 궂은 일도 마다 않으시는 모습에 어린 시절 읽었던 개미와 베짱이 이야기를 생각합니다.

회사 일은 물론 성동신문사 선거관리위원회 소방서 복지관…

보통 사람의 2~3배 활동을 하시며 늘 밝고 긍정적인 모습은 주변사람들에게 감동을 주시며 "나이 먹을수록 육체를 움직이는 일을 해야 정신과 육체가 건강하다"는 시인님의 말씀을 늘 가슴에 새깁니다.

살면서 겪는 모든 영역에서 느낌을 기록한 시집 "돈키호테 피리소리1~2"권을 읽으며 이것은 시집이 아니고 시인님 삶의 노래로 들렸습니다.

좋은 모습 계속 보여 주시고 문운까지 활짝 열리기를 바라며 유진패션의 고문으로 오래도록 계셔 주기를 바랍니다.

유진패션 대표 이만규

시 · 인 · 의 · 말

문학은 모든 문화의 씨앗이라고 생각 합니다.

그러나 오늘날의 문화는, 글을 쓰고 읽고 느끼는 문학 보다는 영상과 오디오 문화의 포화 상태로, 문학의 위축과 소멸을 앞두고 있는 착각이 드는데 문학계 또한 파벌과 분쟁, 경직된 학문화와 치장과 난해함이 우열을 가리고 있다고 생각이 듭니다.

그래서 김소월님 윤동주님 정지용님의 시를 읽을 때 문인이 아닌 일반인의 가슴에 파도가 일고 감동을 주는 그 매력이 한없이 그립습니다.

세상 모두가 생산에 몰두하는 생산자입니다.

여러 생산 행위 중 저는 글 생산자의 길을 조심스럽게 걸어가고자 합니다.

원초적 감성에 충실한 글이 일반인의 환영과 사랑을 받는 환상에 젖으며 동경합니다.

문학의 식자나 권위자들이 추구하는 형식과 치장으로 식상한 문학, 지나친 상업적 치우침에 등단 서평 추천 글 등 이 난무하는 문학과 가까이 하지 않고자 함은 학문적으로 깊은 공부와 경험도 없고 늘 자유로운 돈키호테이고 싶기 때문입니다.

톱니바퀴 물려 돌아가는 세상, 각자의 욕심껏 사는 모습이 삶의 활력일 수 있지만- 권력욕 명예욕 금전욕이 넘쳐나는-, 그래서 그 욕심을 이루기 위해 발달 된 머리가 넘치고 회전하는 두뇌소리가 시끄러워 멀미를 느끼기 때문에, 머리 회전은 잠시 줄이고 따듯한 가슴으로 세상을 녹이는 역할에 고민해 봅니다.

고 김수환 추기경께서 가슴으로 세상을 사는데 70년 걸렸다는 이야기가 생각납니다.

김 추기경님의 70년 걸린 기간을 단 하루라도 줄여 보자는 의지를 불태우는 돈키호테로, 이제 많은 사람들한테 조언과 충고, 채찍을 감수할 준비를 하겠습니다.

시의 종류를 찾아보니 분류 방식별 많은 종류가 있는데 저는 감히 연상시(聯想詩)라는 생뚱맞은 한 종류를 정해 봅니다.

2014년2월 새벽 공기를 마시며...

기라성

목차

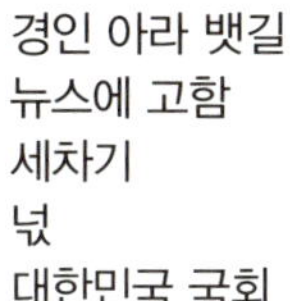

기억

Memory

그 사람

어!
누구지?
어디서 봤지?
아!
아아아!
그 사람
많이 변했네.
참 보고 싶었던 그 사람!

기억(記憶)

부엌 큰 목간통에
뽀얀 몸 숨기며 목욕하던 영이를
대문 틈 사이 훔쳐보던
들고양이 동창 석이는

읍내 중국집에서 열린
동창회
영이도 석이도
어색한 웃음만 흐른다.

석이는
아이들 그룹 소녀를 볼 때마다
영이가 생각나고

영이는
빡빡머리 코 흘리게
철부지 석이로 기억된다.

첫눈

첫눈이 내린다.
첫눈은 바람기 없이 큰 송이로
지금같이 내려야 첫눈답다.
무음의 곤두박질 소복소복
속삭임이 들려온다.

첫눈을 보면서
첫 학교 입학이 생각난다.
첫 직장 입사가 생각난다.
첫사랑의 그녀가 생각난다.
첫 이별의 아픔이 살아난다.
처음 갔었던 외국이 생각난다.

첫눈 한 움큼 입에 털어 넣었다.
엄마 젖 다음 무슨 음식을 처음 먹었을까
나이 들어 첫 술을 언제 마셨었지
용달이 형 강압으로 피운 담배
어디서 무슨 담배였었지
내가 처음 만든 음식이 뭐였었지

눈밭에 벌렁 누워 하늘을 본다.
내가 처음 입은 옷이 뭐였을까
처음 부른 노래는 무슨 노래
맨 처음 한 착한 일은
맨 처음 한 나쁜 짓은
처음으로 기뻐한 일은
처음으로 슬퍼한 일은
화가 나거나 수치스러워했던 일은

주머니에 첫눈 한 줌 넣으며
내가 처음 읽은 책이 뭐더라
내가 처음 써본 글이 뭐였지
처음 본 신문은 언제 어느 신문
내가 처음 한 운동이 뭐였지
처음 내가 가본 여행지가 어디였지
맨 처음 가본 등산은 어느 산

녹기 시작한 주머니 눈을 뭉쳐
허공으로 날린다.
내가 처음으로 접해본 주검은
내가 처음 만난 친구는
처음 내가 보았던 외국 사람은
처음 내가 직접 목격한 유명인은

내가 농사를 지어보았나
내가 기계를 조작해 일을 해 보았나
데모나 시위도 해 본 적은
싸움을 언제 이겨보고 진 적은
전염병 또는 부상당한 적은
수술은 언제 처음 했지

눈을 끌어모아 방석해서 앉아 본다.
비행기를 언제 처음 탔었지
배 자동차 오토바이 자전거는
핸드폰은 언제 장만했더라
라디오 TV 오디오는
신용카드는 언제
컴퓨터는 언제

눈을 좋아하던 강원도 출신의
그 후배는 지금 무얼 할까
내가 맨 처음 한 남의 욕은
사기당한 적이 있는데 언제였지
총을 쏴 본 적은

감성과 겹치는 날 첫눈은
초심을 빙자한 복잡한 상념에 버무려져
한없이 꼬리를 무네.

꿰맨 양말의 단상

논배미 얼음판
펄쩍 뛰면
쩍 쩍 갈라지던 유리
소리가 재미있고
문양이 신기해
펄쩍 펄쩍
논배미 얼음판을
뛰어 다녔다

어떤 날은
그 얼음판을
깨고 뒤집어
신기한 형상 찾아
손이 시린지도 모르고
전리품인양
동네방네
순찰 다녔다

쩍 소리로 갈라지고
돌로 쪼아
잘라진 얼음이
얼마나 아팠을까
생각조차도 못한 그 시절
소설(小雪)을 앞두고
겨울에게 얼음에게
사과를 해야겠다.

흙벽돌

천지 같은 황토 웅덩이
샘물 길어하는 반죽은
엄마표 수제비 반죽

짚 한 짐 작두 옆에 부리고
먹이고 써는 건
흥부네 박타기 음률

접어올린 바짓단
미끄럽고 부드러운
황토 감촉

틀에 앉은 반죽
토닥이며 쓰다듬자
큰 인절미가 만들어진다.

한마당 가득 차면
우물가에 손발 씻어
벽돌 일을 끝내고

물 뿌리며 건조해
한편에 차곡차곡
흐뭇함과 희열

막대기로 토담을
파고 놀다 보면
여물 자리에 개미도 살고 있었다.

금강 휴게소의 추억

다뉴브 강의 잔물결이 생각나는 곳
29년 전 한 달 뒤
루어 낚시에 끌려 나왔던 60cm 메기
태공들의 메기가 미쳤다는 비아냥거림도 흘려버렸었다.
손바닥 보다 큰 은색 민물고기 치리
어망을 가득 채워 배따고 말렸지
약한다고 메기를 팔라고 하던
동네 아주머니는 살아 계실까.
일행들 반대로 쓸쓸히 돌아서던 아주머니
금강을 수호하는 용왕은
살어자(殺魚者)로 나를 지명수배했을 터
저 수상스키 무리들은 용왕님 면죄(免罪)를 받았을까.
그때
아내는 딸 아들 낳기 전 예쁜 처녀였었다.
가락국수 한 그릇에 허기를 면하니
담배 연기 속으로 보이는 앞산
짙은 녹음만 그대로 있네.

n·o·t·e

금강휴게소 위 쪽 산자락에 서울 부산 간 고속도로 건설 순직자 위령비 앞에 서니 2년 5개월간 890만 명 투입해 77명이 사망했다는 기록과 흘린 피와 땀을 기리는 이은상님의 추모글 앞에

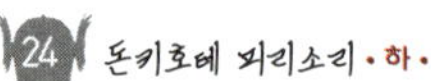

노년의 심정

오선지 걸려 있는 보름달
계이름이 무엇일까

휘영청 노랑빛
전깃줄 물들이면

계이름이
자꾸 바뀌는데

달빛 어린 창가에서
여정을 되짚으니

달빛만 봐도 뛰던 심장
그 언제였었나.

n·o·t·e
초저녁 전깃줄에 걸려 있는 달을 보면서...

추억의 기차여행

완행 중급행 급행
어차피 좌석 잡는 건 뜀박질 승부고
통로와 의자 사이
연결부 문 앞에도 꽉 찬 인구밀도
짐받이에 얹힌 꼬맹이 무서워 울고

그물 실망에 엮인 사과
능금이요 능금!
나무껍질 도시락
벤또요 벤또!
소풍 때나 먹던 삶은 계란 기차여행의 특식
오징어 땅콩은 변함없는 종신 메뉴이며
그래도 고급은
비스켓 미루꾸 카스테라 아이스께끼

굳세어라 금순아 마포종점 어린 걸인 지날 때
때 낀 손바닥에는 동전이 수북하고
처음 만난 사람끼리 고향 군대 이야기는
갈 때까지 할 말이 끊임이 없는데
독서에 수면에 음악 듣는
에티켓은 관심도 없던 그 시절

역마다 줄 서서 표 찍어 검사하고
중간 중간 제복 승무원 표 검사에
긴장감은 일제가 남기고 간 흔적
지금은 검사도 회수도 안 하는 기차표
아마 부처님 손바닥 안이라서

철커덕철커덕
바퀴 소리
부드러워지고
십 리 밖부터 길고 크게 늘어지던
화통 소리 또한 짧고 작아졌다.

반세기 앞선 철도역사
변해버린 기차여행
옛날과 지금
어른들은
언제가 더 좋으실까.

당일치기 기차여행

잿빛 도시를 박차며
긴 울음 토하고
강을 폴짝
건너서

알곡 들판
쳐다보면 소낙비
다시 쳐다보면
눈부신 햇살

무섭게 달려드는
반대편 기차 끝은
기차놀이
상대편 꼬리
휘리릭 휘리릭
바뀌는 화면은
환등기보다
더 빠르다

대동맥 중동맥 소동맥
혈전을 녹이고
되돌아
소정맥 중정맥 대정맥 도착

돌아오는 발길은
보고 느낀 것들 때문에
나이가 두 배
먹은 거 같은 당일 여행

초등학교 동창회

40년 시공(時空)을 단숨에 넘어
줄기차게 당도한 주름의 시작점은
10년을 젊게 해준다는
현수막이 반긴다.

물에 떨어진 흰 물감 번지듯
구비마다 흩어진 구름
잘게 뿌려주는 비 조각은
땀과 열기를 식히고

아는 듯 모르는 듯
자세히 뜯어보니 아는 얼굴인데
세월의 흔적이
물씬 배어 있구나.

쭉쭉 뻗은 낙엽송과
적당한 키의 히말라야시다
폭포와 옥색 계곡물은
청정을 인증한다.

같은 음식이라도
맛이 틀리고
같은 술이라도
알콜 향이 다르다.

각각 사는 모습 다르지만
모아진 마음은 하나고
밀린 이야기 열어놓고
진탕 옛날로 돌아가는구나.

교정을 떠나
하루 묵는 광덕산 골짜기가
기쁨에 넘칠 내일의 에너지를
잔뜩 생산하고 있구나.

지나가버린 사랑

따스한 봄날
얕은 산자락 돌아서며
들꽃에 탄성을 자아내고

길거리 어디든
아픔과 연민에
안타까워 애태우고

타인의 작은 억울함도
달려들어
티끌의 분노도 같이하고

진정한 사랑에 고마워
진정한 웃음에 고마워
진실된 정과 덕에 감사해
같이 하고파
밤낮을 가리지 않고 헤아리던
성성한 시간

아마
절대로

우리 사랑은 변질 안 되고
우리 마음은 하늘도 어쩔 수 없고
세상 어느 것보다
우선이었던 시간과 공간들...

취기가 더하면
두통과 구토가 오듯이
서서히 현실과 실리를 익혀갈 때
권태와
새로운 목마름으로
철부지 때 위문편지 마냥
형태가 한없이
쭈그러 들었지

목타는 현실들
답답한 군상들
분노하는 사건들
회색빛 기억

분홍빛 조각과
달콤한 밀어의
멈출 수 없는 유혹에
사랑에 푹 젖었던
그 사랑을 회상해 봅니다.
굴절된 환상으로.

책보 맨 학창시절

공책은 맨 아래
그 위에 교과서
교과서 위에 도시락과 필통
보자기 안에 정렬시키고.

둘둘 말아
옷핀으로 고정하여
남자는 어깨에 대각선
여자는 허리에 묶어서
남녀 구분을 하였지요.

들로 산으로
뛰놀며 다니던 통학 길
양철 필통에 얼먹은 연필들은
심이 부러지고 멍들어
연필깎기가 바빴습니다.

그래도 풍금 치는 음악시간이
소풍 다음으로 제일 좋았고
그 다음 체육시간과

야외 실습
자연학습이었습니다.

라면땅과 쫀드기는
구경뿐이었고
무나 고구마 쓰윽 문질러
한입 베어 물고 허기 달래며
지내온 시절이 그립습니다.

선거 때 어느 후보자의
새 보자기나
잔칫집 보자기 답례품은
새 책보 횡재고
형제간 싸움도 생기곤 했지요.

질 좋은 책가방과
다양한 학용품들이
디지털화 되면서
진화될 모양이 궁금해집니다.
책가방이 없어질 수도 있겠지요.

옥수숫대

옥수숫대 맛은
단맛
신맛
비린 맛이 있었다.

낫이 없을 때는
손으로 비틀던지
입으로 물어뜯어
빨아 먹었다.

단맛 옥수숫대를
입술이 벤 지도 모르고
피까지
빨아먹었다.

다 먹고
찐 감자 먹는 준영이 입술은
피가 섞여
팥빙수 시럽 같았다.

즐겨먹던 옥수숫대는
소나 염소에게 주고
이제는
쭈쭈바나 아이스크림을 먹기에

옥수수 밭주인한테
쫓겨 다닐 일도 없지만
단맛 도는 옥수숫대를
한 번쯤 먹고 싶다.

고단한 고향의 가을

불타는 감잎 짙푸른 참나무
검게 물들 때
한 집 건너 켜지는 희미한 등불이 꺼지며
초저녁부터 적막강산으로 변한다.

간간이 들리는 개 짖는 소리만
마을임을 알릴뿐
천수답 물꼬 소리도
귀 기울여야만 들린다.

내일 고구마 캐러
꿈속에 들어서니
요란하게 코 고는 소리
수확의 축포! 교향곡

일 년을 꾸어 온 수확이 꿈은
고단함을 느낄 시간도 모자라
수확을 다 해 놓고
고단해야겠다.

첫 눈

열두 달 버텨 온
하늘의 무게
무겁고
위험해
짐을 던다.

황토밭 무 시래기 덥고
고춧대 흰살 오를 때
꼿꼿한 전봇대
양팔 벌려 참새를 품자
바둑이가 첫걸음 찍는다.

상기된 동심
마당으로 뒤곁으로 정신없는데
어느새
엄마 머리 수건도
백설기가 되었네.

비오는 날 부침개

화덕에서 엄마가 떠 주는 수제비나 칼국수
한 그릇 먹으려고 숟가락 들 때
영달이네 집에서 날아오는 부침개 기름 냄새에
식욕을 잃어 영달네만 바라보았다.
아버지 잡수시라고 한쪽 가져오면
조금씩 뜯어주던 그 맛이 잊을 수 없다.
오늘같이 비라도 오는 날에는
기름 냄새는 낮게 퍼져 온 동네에 진동했었다.

애호박, 부추, 고추, 쪽파
총천연색 고명은 식욕을 부채질하고
고소한 기름 냄새는 동심들 정신을 잃었다
초상이 나면 가족들 슬픔보다는
한쪽 얻어먹던 맛 기억만 남아 있다
지금처럼 많은 양념과 조미료가 없었지만
직접 기르고 짠 기름은 밀가루에 파고들어
환상의 마블링이었다.

부침개가 중국에서 유래 되었느니
제사상 음식 밑받침으로 쓰였느니
녹두에 육전 해물 전 종류가 많지만
충청도 골짜기에서
배급 받은 밀가루로 만든 부침개는
엄마의 손맛과 체취까지 더해진 작품이었다
가난한 사람들이 먹는다는 떡이라는
부침개 역사에 녹아 있는 그리운 어머니.

쥐구멍

범식이네 개경주 모심던 날
올맹이 캐다 잡은
땅강아지

데리고 놀다가
뜰팡 쥐구멍으로
들어갔네.

고무신에
물 퍼부어도
무소식

다음날
생쥐가 있는데
같이 사나

한참 후
거미줄 안 쥐구멍에
귀뚜라미 소리가 들린다.

땅강아지와 생쥐
귀뚜라미는
같이 살까

두더지 잡아다
뜰팡 쥐구멍에
넣어봐야지.

똬리

어둡고 칙칙한 색
땟국물 머금고
어머니 머리에
앉아 있었던

요행도 모르고
일만 하시던
아버지 모습과
일치한다.

헝겊이나 짚
때로는 마른 풀로
급할 때는
아무거나 말아서 동여매고

무거운 자배기나
양동이 아래에서
가쁜 숨을 몰아쉬며
비명을 질렀다.

가벼운 보따리나
빈 광주리를 받칠 때는
즐겁게
콧노래 부르며

늘 어머니 머리에
자리 잡은
어머니 몸의
일부였었다.

강산이
여러 번 변해
기억을
더듬어 보지만

어머니 가실 때
슬그머니
자취를 감춰
알 수가 없네.

그리움에 떨고
불효에 울며
떠오르는
어머니 똬리.

동장군

문풍지 울 때
인두로 화로 헤집으면
둘러앉은 우리 식구들

김치 고추장 참기름 한 방울
화로에 볶아가는 밤참
꼴까닥 침 넘어가는 소리

숟가락 한 개씩 쳐 든
전쟁터 병사들은
한 톨까지 먹어도 공허

아랫목부터 순서대로 누운
단칸방 내무반
잠을 못 이룰 때

달빛 조명 삼고
동생 보초 세워
어느 볼기짝 참으며 변소를 다니고

이불속의 평화
아버지 코골이 하나 둘 세다가
일어나라 깨우는 어머니 음성

양말 덧신고
귀마개에 책보 챙겨
느티나무 아래 모였다

유난히 추웠던
동심의 겨울은
지금도 느껴진다.

목욕 봉사 후

내가 앉은뱅이로 사는 것은
바로 당신을 위해서입니다.

내가 동물 같은 소음과
몸짓 발짓으로 살아가는 것은
바로 당신을 위해서입니다.

내가 소외의 존재로 살아가는 것은
바로 당신을 위해서입니다.

내가 약물과 치료로 삶을 연장하는 것은
바로 당신을 위해서입니다.

당신 보기에 구차한 내 삶의 모든 것들이
바로 당신을 위해서입니다.

내 존재를 보여주는 이유는
당신이 살 가치와 의미를 알려주는 것입니다.

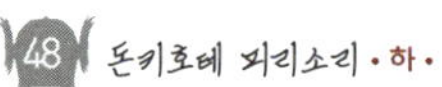

나를 보는 당신이 불편과 불만을 토로 함은
나에 대한 모욕이고
패배의 길을 가고 있는 것입니다.

n·o·t·e

남양주시 수동면 신망애 장애 복지시설 목욕봉사를 다녀오면서..

한(恨)

Regret

눈은 부모님 편지

편지가 왔다
먼 곳에 계시는 부모님에게서

하도 높고 먼 그곳은
알 수 없는 천상

먼데서 온 부모님 편지는
부서져 가루가 되어서야 나한테 왔다.

아버지 이사 가시던 날
늦봄 아지랑이도 멈췄고

그 후 어머니 이사 가시던 날
강풍과 폭설에 심장이 터지는 것 같았다.

그 편지는 오다가 힘들어
내 가슴에 눈물이 되어 안긴다.

눈물이 된 편지를
뭐라고 읽어야 하나요.

못 읽은 편지에
답장을 뭐라고 써야 하나요.

찢기고 부서지고 녹아버린
편지를 앞에 두고

가슴속에 맺히는
통한의 눈물

부모님 눈 편지와 내 눈물은
견우와 직녀처럼 한이 깊다.

n·o·t·e

눈을 보면 고향산천이 떠오릅니다.
겹쳐서 부모님 생각도...

매미

중랑천 느티나무
수액 빨며
열창하는
쓰르라기

온몸을
적시는 시원한 전율은
극세사 한 줄이
빨아들이는 물 같다.

7년을 땅 속 은둔한
내 선풍기는
십여 일 살다가
가는데

귓속 매미소리를
호소하는 환자도
매미소리 들리느냐고
묻는 의사도

매미가 병원(病源) 마냥
거론되는 아이러니를 알까?

땅속 7년 여정에서
벙어리로 십여 일 살고
사라지는 수컷 매미와

한 맺힌 절규처럼 울다가는
암컷의 일생에
연민과 숙연함이 든다.

아버지와 아들

아버지 지게꼬리를
아들은 늘 잡고 따라다녔다.
아버지는
아들 걸음에 맞추려고
짧게 작대기를 짚으며
천천히 걸어 다니셨다.

나무를 한 지게 채울 동안
아들은 놀기도 하고
아버지 나무 더미를
옮기기도 했는데
아들이 벌에 쏘이자
아버지는 작대기로 벌집을 없애버렸다.

군용 항고의 꽁보리밥 도시락이
아들은 집에서 보다 훨씬 꿀맛이었다.
아버지 담배 연기를 좇아
손사래 치는 아들
아버지가 아들 공책 오려서
담배를 말아 피우셨기 때문이다.

산등성이 나뭇짐
작대기로 받치고
이마에 땀을 닦는
아버지 옆에는
아들도 바짝 붙어
앉아 있었다.

아버지 나이의 아들은
담배 한 개비를 입에 물어
불을 붙이고
아버지 흔적을 더듬자니
왈칵 어깨가 흔들린다.
유난히 아버지가 생각나는 오늘

눈썰매

아들 10 살 때 처음 가 본 눈썰매장
플라스틱 눈썰매는 잘도 미끄러졌습니다.
최고의 아빠 되려고 유선형으로 누워
몸을 썰매에 얹어 내 달렸습니다.
도착점
둑을 넘어서 날아 처박힌 나는
혼비백산 하고 전신통증을 느끼고서야
과잉 충성한 아버지임을 알았습니다.

내가 10 살 때
뒷동산 언덕 말마당에서 썰매를 타고 놀았습니다.
주인에게 충성했다는 말 묘지인 말마당은
주인 임직한 선비 묘 한참 아래 꽤 크고
자연스러운 경사를 유지하고 있었습니다.

여름 가을에는 말마당에서 풀 썰매를 타다
쫄쫄이 바지 풀물이 빠질 날 없고
구멍 난 곳을 기워 입고 다녔습니다.
겨울엔 두꺼운 비료 봉지로 눈썰매를 탔습니다.
말마당에는 튀어나온 나무 끝이나 돌부리도 없었고
흔하던 밤송이도 치워지고 병목현상의 체증도 없었습니다.

그때 아버지는,
내가 썰매 타는 걸 한 번도 구경하러 오시지 않으셨습니다.

요즘처럼 골목집 앞 벗겨낸 장판 쪼가리가 있었다면
나는 이순신 장군의 거북선만큼이나 훌륭한 눈썰매를 만들었을 겁니다.
코흘리개부터 초등학교 고 학년이 되면서
왠지 어색하고 쑥스러워할 때까지
그렇게 풀 썰매와 눈썰매를 타고 놀았습니다.

저번 고향에 갔을 때,
말마당은 그런 흔적이 모두 지워져 있고
무성한 잡초만 키만큼 올라와
버려진 땅 마냥 그렇게 있었습니다.

병에 담아 띄우는 편지

1
병에 고이 쓴 편지를 담았습니다.
물이 들까 꼼꼼히 닫아
살포시 수면 위에 띄워 보냅니다.

아버지.
어머니.

오래되어 희미하지만
잊을 수 없는 당신과 짧은 시간!
억울하고 분통 터지는.
반만 살고 가야하셨던
가슴을 헤쳐 열고
냉기로 추모의 감정을 식힙니다.

세상 사는 지식과 지혜를 주시고
어려운 살림과 진로를 같이 고민해 주시고
사회 초년생 서투름에
노심초사하시던 선생님

덜 여문 생각과 경험이지만
자취방에 모여 앉아 갑론을박하다가
지금도 전화 한통에
소통이 되는 친구는 다행이지만
연탄가스로 불의의 사고로
빨리 가야 했던 친구들

봄날 꽃봉오리 피어나듯
아지랑이처럼 피어 오르던 기운이 연정인 걸 알고
진땀 흘리며
숨을 몰아쉬던 젊은 날의 사랑아

2
라디오 귀 기울여
어렴풋 알 거 같던 대통령 선거
저녁때 멍석에 둘러앉으면
그게 과장된 무용담인지 알지도 못하고
재미있어 독촉하던 어른들의 군대 이야기

옆 동네 담배가게 기웃거리다
요행히 한자리 얻어
가슴 졸이며 보았던 김일 선수의 신나는 박치기

여기저기 무장공비 출현하여
전쟁 나면 어쩌나 하던
어린 시절 무서움

고기 잡고 가재 잡고
칡뿌리 캐고 메뚜기 잡고
배고프면 고구마 참외 수박
콩이라도 서리해서 구워 먹을 때는
검정 입술 서로 보며 웃었지

사방 공사 농지 정리
지붕 개량 담장 개량
훼손되는 자연환경
걱정이 크지만
지키고 보호하자는 운동들
조금씩 좋아지겠지

첫 월급 새 지폐 아까워
몇 겹 습자지에 싸
우체국서 어머니께 부쳤지만
지금까지도 도착 안한 내 첫 월급

뜨거운 열정과 자신감 때문에.
아내를 소외시켜 힘들게 하고
자상하게 못 돌봐 준 딸 아들
손해 보고 용서하고 봉사했으면
더 좋아지고 잘 되었을 지인들

3
병이 멀어지며 파고 속에 묻히네
병 수집가가 주워 가면 안 되는데
물이 들어 가라앉아도 안 되는데
병을 싫어하는 사람이
주워다 묻어 버리면 어쩌지
질긴 풍선에
이 편지 담아 날릴 걸 그랬나
내일도 모래도.
누가 저 편지 걷어갈까
이 자리 나와 지켜야겠네.

n·o·t·e

어머님 기일을 앞두고

가을과 어머니

담쟁이 어린 손길이
담장을 꼼지락 꼼지락 기어오르다
힘에 겨워
얼굴이 붉어지더니
삼천궁녀 되어 떨어져 죽는다.

삶의 미련은
빗자루 사이에 끼어
허공을 허우적대는 시선
오래전 살고 싶어 하시던
어머니 눈망울 같다.

봄이 되면
새싹이 돋아 담장에 붙어
태양과 비바람을 이길 터
어머니도
새봄에 다시 오셨으면…

동시

Children's poem

겨울나무

겨울에는
모자도 쓰고
장갑도 끼고
귀도 막는데

나무는
열매도 떨어지고
이파리도 떨어지고
잔가지도 부러진다.

사람은 추워서
자꾸자꾸 몸을 싸는데
나무는 추워도
자꾸자꾸 벗을까

그래서 바람 불면
추워서
윙윙 소리 내어
우는가 보다.

나무도 안 춥게
열매도
이파리도
그대로 있었으면…

달덩이

엄마 얼굴
달덩이
내 엉덩이도
달덩이

언니들은
왜
달덩이 소리가
싫을까

동그랗고
예쁜 색깔이
나는
좋은데

나도
언니 될 때
달덩이가
싫어지면 어쩌지

나는
언니가 되어도
달덩이를
좋아할 거야!

겨울 화단

눈 쌓인 앞마당
뽀드득 뽀드득
꽃이 피었어요.

내 운동화 한 바퀴 뺑 돌며
꾹꾹 찍어 만든
채송화

엄마 코빼기 흰 고무신
꾹꾹 찍어 만든
코스모스

할머니 털신
꾹꾹 찍어 만든
백일홍

화로에 젖은 양말
말리는 사이
안개꽃도 뿌려 놓은 바둑이.

백미러

고속버스 백미러는
커다란 기린 귀 같고

화물차 백미러는
얼룩무늬 젖소 귀 같아요.

푸들 강아지 귀 같은
고모의 소형차 백미러

개미 더듬이 같은
치킨 배달 오토바이 귀

그래도 난 양의 귀 닮은
아빠 승용차 백미러가 제일 예뻐요.

주연이의 약속

주연아
나 네 웃음을 알 수 있어
숙제 하고
할머니 심부름 하고
동생들 잘 챙겨서
엄마한테 칭찬 받았지

나도
어제
옆집 정미
잘 데리고 놀고
방 청소 잘 했다고
엄마가 뽀뽀해줬어

그런데
언니 오빠들은
부모님과 선생님께 대들고
친구나 후배들
때리고 돈 뺏고 왜 그럴까
우리는 하지 말자

시험 잘 못 보면
다음에 더 열심히 하고
친구랑 싸우면
다음에 화해하면 되고
용돈 적으면 아껴 쓰면 되는데
우리는 그러지 말자

무서운 뉴스
너 봤니
자살한 언니 오빠들
그 엄마 아빠
얼마나 가슴이 아플까
우리는 하지 말자

우리 혹시
부모님께 혼나도
칭찬해 주실 때까지
더 잘하고
더 잘하고
더 잘하자

너 엄마한테 칭찬받고
나도 엄마한테 칭찬 받으면
우리 서로 자랑하자
선생님한테도 그렇고
지금처럼 매일 노력해서
칭찬받는 친구가 되자

꽃집

개나리 꽃잎 모아서
마당 만들고

동백꽃잎 모아서
빨간 기둥 만들어야지

배꽃 주워
하얀 벽 만들고

진달래 철쭉 모아
분홍 지붕 꾸며야지

살구꽃 앵두꽃 모아서
텃밭 만들고

들꽃 모아서
원두막 지어야지

청보리 심어
담장 만들면

향기 가득한 우리 꽃집
구경 오겠지.

건널목

땡땡땡 종소리에
장대가 내려왔어요.
내려진 장대에
빨간 불 3개
양쪽에 서 있는 빨간불 2개
천정에는
노란불 2개

건널목 아저씨
기관사와 쳐다보며
하얀 깃발 펄~럭
안녕

요번에 오는 차는
은색 전철
그 다음에 오는 차는
녹색 전철
줄 소시지 같은 기차
김밥 50줄 붙여놓은
짐 싣는 기차

북쪽으로 향하는 기차에
탱크라도 타고 있으면
땅 땅 땅 전쟁놀이
뛰어다닌다.

귀뚜라미

귀뚤 귀뚤 귀뚤 목청껏 우는소리
짝꿍과 즐거운 사랑의 노래

귀뚤 귀뚤 귀뚤 약하게 우는소리
짝꿍 찾는 애달픈 울음소리

귀뚤 귀뚤 귀뚤 높이 우는소리
아기 지키는 엄마 귀뚜라미 소리

귀뚤 귀뚤 귀뚤 낮게 우는소리
배고파 밥 달라 칭얼대는 소리

귀뚤 귀뚤 귀뚤 빠르게 우는소리
사마귀 왔다고 숨으라는 소리

귀뚤 귀뚤 귀뚤 느리게 우는소리
괜찮아 나오라는 소리

귀뚤 귀뚤 귀뚤 띄엄띄엄 우는소리
새벽에 추워서 떨면서 우는소리

귀뚤 귀뚤 귀뚤 기어 들어가는 소리
처마 속 파고들어가 잠자기 전 우는소리

귀뚜라미 울음소리도
다 사연이 있어요.

은행나무

가잿이 쪽 편
은행나무 양팔 아래
할아버지 할머니 놀이터

매미채 들고
살금살금 깨금발 꼬마
내 모자에
내려앉은 잠자리

초가을 주렁주렁한 은행알
팔이 아파
은행알을 놓는다.

오늘은
비까지 내리니
바지랑대로
받쳐 줘야지.

감나무

봄! 다닥다닥 노랑 감꽃은
내 친구

한여름! 메추리알 땡감은
누나 친구

늘어진 가지 끝에 주먹만한 빨강 감은
삼촌 친구

추석 때 속이 훤히 다 보이는 홍시는
아버지 친구

헛간 처마 끝에 매달린 곶감은
아마 할아버지 친구 일 거야

우리 가족 모두는
뒤 곁 오래된 감나무와 친구랍니다.

머리 깎기

아침부터 아버지는
기계 꺼내시고
할아버지 논 물꼬 열고
들어오신다.

새벽부터 엄마는
부엌에 계시고
이웃집 아저씨들
싸리문 들어선다.

학교 갔다 오니
우리 논 반을 베고
아버지 점심 잡수시며
내 머리 쓰다듬는다.

벼 다 베고
읍내 이발소에
아버지랑
머리 깎으러 가자.

참깨와
콩은
아직
안 베었는데

밭에 있는
참깨와 콩도 베고서
할아버지도 같이
머리 깎자고 해야겠다.

캥거루와 비둘기

캥거루는 배 주머니에
책가방
담을 수 있겠다.

그렇지만
배가 나와 창피해
등허리에 있었으면 더 좋겠다.

비둘기는
하늘로 날아서
갈 수 있어서 좋겠다.

계단도 지나고
신호등도 지나고
아파트도 바로 가니까

그렇지만
하늘 높이 나는 게
난 무서워서 겁난다.

인물

Character

쏘가리 님

깨끗한 물에 살고
지느러미 침으로
쏘는 쏘가리

걸음걸이와
멋진 패션에 표정까지
신경 쓰던 당신은

독서를 할 때는
폼 나는 연출은 기본이고
클래식이라도 깔아야 했지..

산과 들, 강과 계곡
철저한 웰빙 신봉자
패션쇼 모델

그 모습에 가려
까칠한 성격과
독특한 영역을 보지 못했었지

쏘가리도
잡어도
다 필요한 세상임을 알게 되며

품위와 격조를 갉아먹는
질투심과 호전성도
이제는 이해가 된다.

지켜 본 시간들
얼룩진 기억들
이제는 황 쏘가리로 격상시켜 드립니다.

송화 님

둥근 얼굴 윤곽과 미소는
부드럽고 인자한 시그널

눈썰미 손 썰미로 생산되는 일품(一品)들
예(藝)와 기(技)의 합궁

집중하고 수련하여
천하의 작품을 기대합니다.

무지하지 않은 원천적 표현
신선한 휴식처

영역을 넘나드는 먹거리 솜씨
즐거움의 해결사

묵은지 같은 단골이던
초면인 손님이든

똑같은 모습은
세월을 녹인 달관한 안목

온라인 영역이 열릴 때
좋은 친구가 올 줄 알았습니다.

리트머스 님

은쟁반 옥구슬의 청아함
산사 처마 끝 풍경소리

강원도 억양보다는
좀 고급스럽게 말려 올라가는 뒤 억양

좋고 싫음이 분명한 표시는
우유부단한 나에게 쏘는 속사포

주 야 만학의 여정과
생활전선의 고단함도

집채보다 약간 적은 체구가
희석해 분해시키고

내딛는 발걸음에 힘을 주고
시선을 멀리하니

세상 무엇이든 상관하고
해결할 기세

슬쩍 건드려 보면
분홍색일까 푸른색일까.

카멜레온 님

따사로운 햇빛에
슬그머니 꼬리 감췄던
초가 처마 끝 고드름 같았던 당신

동장군 앞두고
홀연히 나타나
가슴을 뛰게 합니다.

투명 인간을 거부하고
흑백 망토도 벗어버린
씨크릿(secret)이 없는 당신

무지개 3개 쯤의
폭넓은 칼라에
눈이 부셔옵니다

혹자는 변칙의 능수
변화무쌍
변신의 귀재라 하나

다양한 색상은
다양한 대면을 위한
관용적 준비이고

다양한 치장은
보는 이를 위한
배려와 봉사인 것을

춘삼월
동토아래
흐르는 지하수 용트림처럼

내면의 소용돌이와
따스한 온기는
카멜레온 님의 에너지입니다

개성
다양성
입체성이 난무하는 세상을

카멜레온 님 만큼
준비하고 적응하며
호환할 수 있을까요

카멜레온 님
그대는 세상의 쓴맛을 중화시키는
감로수입니다.

당신의 빛이
선명하고 화려할수록
세상은 활기가 충만할 것이고

세상은
당신을 극진히
사랑할 겁니다.

타작

Thresh

병목(bottle neck) 시대

시작은 평화
정돈된 순리의 세상은
정과 복이 넘치며
미움도 싸움도 없이
질서정연하고
안정된 정삼각형 시대

시간이 흐르며 혼돈의 장
아귀다툼 속 난장판은
서로 잘나
서로 이기고
서로 먼저 가지려고
터질 것 같은 병의 모가지

잘난 사람들의 행렬
눈에 핏발선 파이터
끝없는 먹이사슬은
아이도 어른도 없고
사랑하는 친구도 없는
병목 탈출을 시도하는 고성능 스피커들

지겨운 사초사건 국정원 사건 종북놀이
역할만 바뀐 같은 과 같은 종류
그 인간이 그 인간
상당한 이유가 있어도
수긍도 지지하기도 싫은
가속도가 붙는 구정물통!

금초(禁草)

장화신고 모자에 수건 두르고
옹골차게 부여잡은 내 손
네 목을 치겠노라
망나니 장단을 시작한다.

오랫만에 찾아뵙는 조상님
기리고 추모해야 할
효의 본질을 소홀한 죄
죄 없는 초목만 난도질하네.

초목을 점령해
단정히 정리되면
편히 잘 계시라고 제배 한 후
조상님 집 떠나며 드는 공허

내년에도
초목 난도질을 하며
죄송하고 아쉬운 마음은
똑같겠지

토네이도

교회도 도로도 가로수도
대형 트럭도 가축도 사람도
초강력 진공청소기는
빨아먹고 초토화 시키고
화재와 붕괴와 폭발을 부르는데

미주리 주
오클라호마 주
앨라배마 주
캔자스 주
미시시피 테네시까지

기후변화에 의한
태평양 수온 탓이라는데
지도를 바꾸려는
자연의 저항인지
인간이 받아야 할 형벌인지.

n·o·t·e

미국의 토네이도 사망 실종자가
500명이 넘는다고

독도

여명부터 칠흑까지
역사를 지켜본 형제는
독도 물범
강치 멸종의 책임을
일본에 꾸짖고 있다.

존재할 수 없는
영토분쟁
자국민
귀와 눈을 막는
오만과 무지의 무리여

검푸른 바다 백의로 물리치고
사나운 파도는
가야금 한 줄로 잠재워
한민족 원천
삼국을 통일한 저력은

명분을 무시하고
의롭지 않았다면
왜까지 품었을 터
평화와 정의가
보은을 베풀었노라.

한반도 전략기지
탐라국 성인봉
동해의 첨병
우산국의
동도와 서도

지상으로 수중으로
혼과 땀의 역사가
독도의 앞날에
광명을 비추니
백배사죄하고 용서를 구하라.

돋보기

열린 모공으로
훤히 보이는 사실
들리는 소리

채소도 날개로 살까
손님은 왜 이리 없노
재래시장 물가 폭탄

바이러스 요동
소 돼지 닭 비명소리
망나니 춤사위

대형 공사장
함바 속의 두더지
얽히고설킨 거미줄

한강 결빙과
인천 앞바다 유빙
가파른 전력수요

공직자 카지노 출입
생계형 범죄
쥐 사체 제과업자

러시아 공항 테러
이집트 교회 폭파
소말리아 해적질

학교 체벌 편싸움
동심 다치게 한
어학연수 장사치

부패 폭로 위키리크스
성공한 재스민 혁명
도망간 튀니지 대통령

무상복지 논쟁
제 것 주는 양
주객이 전도된 정치꾼

스텔스기에 벌벌 떨며
콕 처박힌 김정일
대화 제의 속임수

재미 삼아
개 아홉 마리 때려죽인
일곱 명 아들들

이슬람 심장부에서
찬송가 기타 소리
샘물교회 모습이네.

소음

연평도는 대포와 폭탄 소음
여의도는 삿대질 소음
대기업은 비자금 소음
구제역 살 처분된 소 돼지 소음
교실에는 사제지간 머리채 소음
세계는 위키리크스 소음
아이티 콜레라 소음
여기저기 구속과 영장 청구 소음
재판정마다 잘잘못 소음

귀를 막고 다니고 싶다.

경인 아라 뱃길

서해에서 한강까지
사십 오리 지름길
깎아 다듬은 암반 구간
돌로 쌓은 축대 구간
시멘트가 도포 될 황토 알몸 구간

소나무와 칡넝쿨이 뒤엉켰던 야산도
할아버지의 할아버지 때부터
*따비 떠 일궈온 비탈 밭도
일개미들의 점령에
쉴 새 없이 분주하다.

교각 세우는 고공 타워크레인 아래
대대로 모셔온 검단 이장 네 묘 터
동남 북서로 양분된 기름진 김포평야
친환경에 굴포천 수해를 줄인다고
진한 아픔을 꼭 참고 있구나.

수건 쓴 원두막 아줌마
소복이 쌓은 숫처녀 토마토 익어가고
철 이른 코스모스 해바라기가

공사 소음을 묵묵히 지켜보며
역사를 기록한다.

큰 배가 오갈 그날이 오면
수상 도시를 꿈꾸는 경인 아라뱃길로
한강물 서해로 치달아
남과 북이 만나는 어색함 보다
세련된 통수가 되겠지.

n·o·t·e

서해에서 한강 서울까지 18Km, 폭 80m, 깊이 6.3m 운하를 건설 중국과 동남아를 향한 물류개선 및 수상도시를 친환경적으로 건설하는 현장을 인천 출장 갔다가 들려 왔습니다. 상당히 공사가 진척된 마당에 6.2 지방선거후 정치권 보류 등의 소식이 있는데 다시 한번 정치인들에 실망하며...
조선 시대부터 경인 운하 건설 계획이 있었다고 읽은 기억이 있습니다. 국가의 백년대계가 눈앞의 수지 타령으로 평가하는 모습에 분노를 느낍니다.

*따비 – 논이나 밭을 쟁기보다 삽 곡괭이 호미 등 작은 농기구로 일궈 만드는 일

뉴스에 고함

내부적 싸움과 갈등
암투 비방 폭로보다는
나라의 장래를 생각했던
애국자들

민간인 사찰
인사개입
비선조직 배후조직
늘 비슷한 메뉴

등장한 새 인물도
결국 권력싸움의 승자기에
기대와 신선함은
애초 없었다.

큰 권력의 전사는
전 정권에도 전전 정권에도
더 전 정권에도 있었기에
그 나물에 그 밥

충성심은 해제하고
나라의 운명을 생각하는
고뇌의 결단과
활발한 대화와 소통으로

각계 각층의
확장된
고 능률의
스펙트럼이 그립다.

세차기

세차장에서
탐욕스러운 권력을 세척하고 싶다.
더러운 양심을 세척하고 싶다.
잘못된 제도도 넣었다 꺼내고 싶다.
생명을 갉아먹는 전염병 질병도 씻어내고 싶다.
황폐해 가는 환경을 되돌리고 싶다.
첨부터 잘못 자리 잡은 정신을
깨끗이 헹구고 싶다.

세상의 모든 독과 해악을
모세관 현상으로 뽑아내고
바이러스 박테리아 나쁜 세균을
삼투압 현상으로 밀어내고
잘못된 인성을
만유인력에 매달아
지구 중심부 깊이
가두고 싶다.

넋

수루에 올라 깊은 시름하던 넋이여
포성과 포연 속에 울부짖던 넋이여
자는 백성 깨워 동분서주하던 넋이여
대쪽같은 지조로 굽힘 없던 넋이여
세상 위해 목숨 바친 넋이여
이유도 모르고 희생당한 넋이여
광화문의 살아있는 넋이여
금붙이 추렴하던 또 살아있는 넋이여

훌륭한 넋을 기리는 넋이여
기리는 넋을 매도하는 잡 넋이여
옳은 넋은 추앙받고
잡 넋들은 운동의 무슨 법칙으로
소멸시켜 보내고 싶다.
지구를 떠나거라.

대한민국 국회

1
허송세월 원 구성
허송세월 의장 선출
법 위반 수뢰 협의
의원직 상실 극대화와
기록 경신용
회의장 점거 일상화

폭발적 법률 발의
안건 처리 무관심
마지못한 안건 가결
기억 못할 바닥 숫자
쇼당패 접하면
무더기 안건 가결
무더기 안건 부결

2
바리케이드 설치
기마전 마냥 능하고
해머에 전기톱
이공계 희망 주네.
입으로는 민생
돌아서면 포퓰리즘
식물국회 직무유기
막장 국회 추태 정치

3
학연 지연 혈연이
졸속과 부패 키우고
의정 난맥 파행 정국
환상과 향수로 대신하네.
필요시 대화 협상
피곤이 누적되니
해외연수 한 번에
조금은 풀리는데
낙하산도 펴야 되고
총알도 장전하자니
같이 하는 비슷한 짓
눈치 볼 필요 있나

4
소모적 대치에
분노하는 국민들
적재적소 설명엔
허무와 우려뿐
서민 빈곤층
대오 각성 바라지만
온난화에 따른 CPU 오작동이
머리 회로 바꿨나 보네.
그래도 권력욕 재물욕
정치 욕은 넘쳐나니
국회의원 본분에는
철저히
충실한
나라의 목탁임에 틀림이 없구나!

n·o·t·e

지인의 주문 시 입니다. ㅋㅋ

노동

Work

땅 멀미

힘센 양천길 씨
180cm 장신의 선원이다.
하선공인서류를 내고 뭍에 내리니
땅 멀미가 나는데.
어질어질하지도 않고
둥실둥실하지도 않고
흔들흔들하지도 않고
사방팔방 열려 있지도 않고
비린 냄새도 없다.

연변에 전화하고 승선공인서류를 챙긴다.
주머니에 아내 사진을 만지작거리며
땅 멀미 없애려 바다로 돌아간다.
갈매기 전송을 받자마자
어질어질해 좋고
둥실둥실해 좋고
흔들흔들해 좋고
넓어서 좋고
갯냄새에 입맛이 돈다.

이번 조업으로
임금이 올라갈
갱신될
선원취업규칙에
연변에
집 한 채가

생기기 때문에
들뜬다.

노약자 엘리베이터

쑥빛 인절미 하우스 앞
황혼이 두 줄로 서 있자.
느릿한 마차가
바퀴에 걸려 올라오는데

귀퉁이에
긴 절편 케이블이 매어있고
구리스 머금은 와이어가
벙어리 마냥 감기고 있다.

마차가 굼벵이 된 것은
말발굽 센서(1)가 브래킷(2)을 감지했고
마차 문이 열리는 것은
리밋(3)이 PLC(4) 프로그램에 보고하고

근접(5)이나
투수광 센서(6)도 감지했겠지

천천히 내린 황혼
지팡이 앞세우자

마차 문 닫으며
왔던 길 되짚는다.

마차와 작별한 노년
혹사당할 관절에서

안도의 숨을 내쉬며
두레박 탄 주인공 되었다.

n·o·t·e

(1) 말발굽 센서 : ㄷ자 모양으로(말발굽) 생긴 센서, 서로 마주 보며 감지함
(2) 브래킷 : bracket, 센서 등을 감지하기 위하여 부착된 표적
(3) 리미트 : limit, 한계나 구역 위치 등을 제어하는 부품
(4) PLC : programable logic controller, 자동제어용 프로그램
(5) 근접 센서 : 근거리 감지용 센서
(6) 투수광 센서 : 렌즈가 맞은편 반사판을 비추며 중간에 물체가 있으면 감지하는 센서

세심 화친(洗心和親)

찬송가 음악이 들리면
우림시장 중앙길이 열린다.
1km 남짓 시장 거리를
규칙처럼 왕래하는 수레엔
수세미 빗 장갑
한쪽엔 종이박스 돈통

고무 드레스 입고
어기적
어기적
전진하는 미동
사계절 오가는 수레

꼬맹이도
금방 다녀올 거리지만
토끼 이긴 거북이처럼
끝에서 끝으로
오가기를 반복한다.

팔아주는 손길도
지폐 한 장 놓는 손길도
고무 드레스 수레가 있어야 하듯
톱니처럼 맞춰
지내왔구나.

달아난 몸을
왜 싸매야 했는지
고향은?
가족과 자식은?
묻지 못하는 이유는
깊은 우림시장 분위기 때문

사랑과 정이 넘쳐
대답을 묻어두고
고무 드레스가
시장을 왕복하는 구도로
정과 희망을 읽을 뿐이다.

세심 화친(洗心和親) 마음을 씻어내고 화목하고 친하게

타일공 박 씨

타일공 박씨 새벽길을 재촉한다.
얼렁뚱땅 세수는 씻은 듯 만 듯 표시도 안 난다.
망치로 벽을 털고 그라인더로 면을 갈아낸다.
핵폭탄 버섯 먼지도 아랑곳하지 않고
가린 시야만 손으로 휘젓는다.

한 대의 끽연과 걸찍한 욕지거리는
가시지 않은 취기 속 생활고와 힘에 부친 독백
백시멘트 바르고 타일을 늘어놓는다.
한쪽부터 계산대로 타일을 눌러댄다.
두드리는 고무 망치는 접착과 미세한 자리 잡기를 마친다.

모서리 쪼가리를 타일 칼과 그라인더로 재단하고
신경 써 맞추는 모자이크 작업 팔뚝에 힘줄이 우뚝 선다.
당기는 그물 힘줄은 아들 등록금이고
두드리는 고무망치 소리는 마누라에 보내는 음성메시지.
얼굴에 묻은 시멘트 반죽 노부모께 재롱떠는 분장이고
안전화 구멍 풍기는 발 냄새 밀린 임금 달라는 이마의
붉은 띠.

벽과 바닥을 끝내고 막걸리를 마신다.
새참으로 먹는 막걸리는 우유나 두유다.
날짜 지난 신문 쪼가리 거스르는 얘기뿐이고
보도 못한 광고들 외국 온 듯 착각이 든다.

타일이 굳자 반죽에 스펀지를 적신다.
사이사이 골을 메우고 스펀지로 닦아낸다.

한 번 두 번 세 번 스펀지 질에
무늬 잘 맞고 배열 일정한 욕실 모양 드러난다.
폴리스라인 치듯 줄을 치고 삐뚠 사용 금지

매일하는 타일 작업
헬스장 운동으로 생각을 전환해 보지만
마누라 악다구니와
구박과 천대하는 십장 때문에 오늘도 본심을 잃는다.

오토바이 택배

개미가 기어간다.
뛰어가는 개미
날아가는 개미

빈 몸 개미도
작은 짐 개미도
큰 짐 개미도

한 방향으로
사방으로
역방향으로 교차해 뛴다.

더운 날엔 땀이 범벅
추운 날엔 옷이 범벅
비나 눈이라도 올 때면
목숨을 담보라도 하고
개미는 일을 한다.

이어폰에 뭐라 떠들며
온 방향 되짚어
움직이는 개미에게 노동의 신선함과
서러운 고단함을
동시에 읽는다.

축시, 조시

원앙이여 연리목(連理木)이여!

신비스럽고 오색영롱한 신부여!
새 보금자리 기둥 믿음직한 신랑이여!
행복한 축제의 장이 벌어졌구나.
가족 친지 이웃 친구 선후배 앞에서
겸손과 예의를 차려 한 쌍의 원앙이 되었구나.

젊은 패기와 열정이 사랑으로 숙성되고
두 가족이 만나 한 가족이 되고
변하지 않을 사랑의 동량(棟梁)위에
한 개씩 쌓아가는 사랑의 돌탑은
어떠한 풍랑과 고난에도 끄떡없으리라

새 화단에 사랑초를 키워
꿈과 현실을 오가며 맺은 사랑의 열매로
새 부부의 앞날을 환하게 열어주소서!
저 맑고 눈부신 웨딩드레스처럼
깨끗한 축복의 삶을 열어주소서!

여러 증인 앞에 서 있는 새내기 부부여
힘찬 축하의 합창과 박수가 들리는가?
부보님의 천둥 같은 심장소리가 느껴지는가?
큰 기둥 두 개가 만난 사람 인(人)자처럼
깊어가는 사랑의 상징 연리목(連理木)으로 영원하여라!

n·o·t·e

결혼식 축시

축복의 노래(結婚 祝詩)

귀하게 맺어진 인연에
박수와 합창소리 드높고
청실홍실이 매듭지어
길복이 넘치니
사랑의 아지랑이가
가득 퍼져 있구나

음과 양의 조화가
우주의 원리지만
오늘 이 자리 주인공만큼
빛나는 선남선녀는
역사가 기록할 만큼
빼어나고 자랑이로다.

양가 부모님이시어!
사랑하는 가족들이시어!
일가친척 이웃이시어!
친구 선 후배들이시어!
새 부부의 앞길에 사랑의 박수를
힘차게 보내주시지 않겠습니까?

다양성의 시대에
조화로운 것은 발전시키고
서툰 것은 사랑과 지혜로
소나기를 피하듯 극복하여
훗날 이 자리 이 감동을 잊지 말고
영원히 간직 하소서

엄숙하고 성스러운 혼례를
천상의 명을 받아 축하하오며
사랑과 풍요와 건강이 넘치는 가운데
귀엽고 사랑스런 후손으로 여러 증인들께
보답 하소서.

n·o·t·e

결혼식 축시

서울 국제마라톤

광화문 충무공께서
황사를 가둬 놓고
가을 하늘 당겨다 놨구나.

위엄과 기상으로
세계를 굽어보며
건각을 모아놓고 축제를 여는데

장대 막아 광장을 비우고
119재난 봉사대
인라인 패트롤 부대
알록달록 우정의 사이클 동우회

선두 차 시계 차 취재 차 싸이카
깃발로 장식하고
상공엔 헬기가
굉음 속 카운트다운

여명에
눈꺼풀 올린 수많은 인파는
선수 가족 응원부대
콩나물시루

추위 피해 지하철역 몸 풀기
클럽별 작전회의
광화문 5번 출구 두 배로 걸린다.
천지가 진동하는 소염제 향
후각기능 마비되고
영하의 체감온도
선수들 심정이다.

뜨건 커피로 언 몸을 녹이고
피켓 잡은 손 힘주어 올린다.
어깨띠 고치고 비닐 막대 두드려
선수에게 보내는 응원의 에너지

난타꾼도 동아리도 자리를 뜨지 않고
수백수천 출발을 맘으로 같이 하니
대회 첫 신기록 당연지사 아닌가.

타조 같은 검은 피부 독식을 했지만
함께 한 우리 선수 덩달아 기록 향상

월계관 쓰기까지
고단한 땀과 서러운 눈물은
그 누가 박수를 아끼고
찬양을 않겠는가.

추위를 같이 한 연도의 인파여
T.V 앞에서 촌각을 지켜본 국민이여
선수들을 응시한 세계인이여

모두가 같이 만든
위대한 역사로구나.

n·o·t·e

3월 쌀쌀한 날씨에 치룬 대회를 현장에서 응원하며...

천안함 영령들이여(弔詩)

지각이 부딪치고 천지를 진동하는
뇌성도 없었고
극한 이데올로기의
주목한 사건도 없었고
고도로 훈련된 용병들의 움직임도
포착되지 않았는데

아빠 여보 내 아들아 손자야
심청이도 살아온 인자한 바다에서
산자의 애가 끊어지는구나.

함수(艦首)야 함미(艦尾)야
내 아들 담아서 무슨 짓을 했단 말이냐.
왜 숨어서 숨바꼭질을 한단 말이냐.

생소한 어뢰 기뢰 폭뢰
암초
피로에 의한 결단은
무슨 뚱딴지란 말이냐.

로프 하나 의지해 칠흑 같은 해저로
영 차 영 차 영 차
손과 발이 더듬이 되어
조여 오는 사방팔방 압력과
칼바람의 조류와 추위는
몽롱하다 혼절하여 미동도 않으니
성난 자연의 분노도 아닌
무엇이란 말이냐.

죽음이나 실종을 찾아
쫓아간 숭고한 죽음이
헛됨 없는 희망이어야 하는데
하늘을 원망하지 않을 수 없구나.

산자의 미안함은 평생 악몽이고
산자의 죄책감은
차라리 지하 감옥이 편할 것 같구나.
같이 할 수만 있다면
바다에 몸을 던지고 싶구나.

한순간 꿈과 희망을 놓아버린
46위 영령이시여
아직도 엄마가 품에 안아 쓰다듬고 싶은
46위 영령이시여
잘못도 없이 세상 규격에서 밀려난
46위 영령들이시여
반에 반 시간만 채우고 홀연히 가버린 그리운
46위 영령들이시여

따듯한 봄 날씨처럼
춥지 않고
숨 막히지 않으며
칼바람 같은 회오리가 없는 곳에서 부디 영면하소서!

목천초등학교 송년회

목천은 어머니 젖무덤이 떠오르는 고향
남. 여가 필요 없이 마구 달려가
몸과 마음을 던진다.
객지 40년을 버티고 사는 것은
가뭄에 단비를 기다리는 듯
반가운 벗을 기다리는
그 희망이 있기 때문이다.

어릴 적 모습은 희미하지만
같은 절에서 출가한 도력 높은 스님처럼
뿌리를 같이 한 친구들아
송년회를 맞이한 해후의 장은
즐거운 축제의 장날이구나.
이 시간 이 공간을 초월하여
틈새를 좁혀보자.

고향의 부모님도 가족도
그리고 이만큼 키워주신 은사님도 기리며
같이 한 모든 친구들의 장도에
건강과 풍요와 사랑이
늘 가득하여라
오래 숙성된 묵은지 같은 친구
목천 초등학교 57회 동창들아!

꽃이 지던 날(弔詩)

결연하고 초연하던 통일의 꽃은
이슬이 마르기도 전에 떨어졌습니다.

가족이 지켜보지 못한
시대의 풍운아 황장엽 꽃
머리와 가슴을 열어주지 않아
문민정부 참여정부와 계산도 다 못한
비운의 망명가 황장엽 꽃
한쪽에선 용기를 치하 받고
한쪽에선 변절자로 낙인 된
반쪽씩 다른 색깔의 황장엽 꽃

김씨 3대 세습 희대의 사건 속에서
조용히 앉아서 가시었습니다.
끝없는 뫼비우스의 궤도가 고장이 나서
결국 끝을 만나고 말았습니다.

대전 유성의 산기슭이나
고향 평양의 어느 산자락이나
훨훨 마음껏 날 수 있게 되었습니다.

희망도 사랑도 애증도
한 개씩 전부 내려놓고
하나 되는 한반도 그날까지
높은 곳에서 영면하소서
우리는 임의 의지와 용기를
역사에 새겨놓고 존경하겠습니다.

n·o·t·e

황장엽 전 북한 노동당 비서의 영면을 기도하며...

국화를 올리며(弔詩)

가슴을 억누르는
음악만 연주해야 하는
소방 악대의 눈물이여
밤을 꼬박 지킨 두 자루 촛불이여
제단 사방으로
방황하며 진동하는 향내여

머리 하얀 노부모님
쓰러지는 아내여
삶의 희망이었던 아들딸들이여
오빠 형 울부짖는 형제들이여
속으로 울며 손을 놓아주는
불사조 동료들이여

끝까지 놓시 않은 조종간
온몸이 마비되는 차다 찬
한겨울 강물 속으로
산화해
의사자들 곁으로
꼭 가야만 하셨습니까?

제단 앞
대통령 훈장
파란 담배 연기처럼
축포 총구 끝 연기가
이승의 연을
내리고 있습니다.

한 줌의 재로 변할
당신들의 형체지만
거룩한 희생은
모든 사람 가슴속에
영원히 기억되고
기릴 것입니다

당신들의 접은 꿈
연연하지 마시고
편안히 영면에 드시기를
가시는 길 올리며
하얀 국화
송이송이 조아려 기립니다.

n·o·t·e

광진소방서 수난구조대 장복수 소방장,
권용규 소방교의 영전에...

고뇌
Gnawang

자화상

끝없는 호기심
탐험가 열정

다큐멘터리를 먹고
다큐멘터리를 생산한다.

깨끗한 거울로
세상을 보고

옹달샘 약수로
에너지를 채운다.

꽃봉오리 열림에
손사래 홍조

관악산 붉은 단풍에
감동을 토하며

보는 시선 의식 안 하고
계속 달리자.

기다림의 미학

꽃망울 열리길 기다리는
수없는 꿀벌의 비행

열린 꽃망울에서
첫 꿀을 따는 건

첫해 첫 농사 첫 삽질처럼
날갯짓이 옹골차다

빨리빨리에 익숙한 세상
꿀벌들의 기다림은

인내와 여유를 보여주는
가르침 이구나.

시간의 경영

이 시간
삶의 의미는
삶의 정체성은

어쩌면

한순간의 시간과 공간이
내 삶을 기쁘게 할 거 같다.

어쩌면

한순간의 사건과 기억이
내 삶을 슬프게 할 거 같다.

아니면

지난 필름 한 컷이
삶을 구덩이로 처넣을 것 같다.

중요한 것은
손에 쥔 새 시나리오로
삶을 살찌울
시간 경영에 몰두해 보자.
catch up! catch up!

5W1H

나는

언제 왔을까
언제 갈까

어디서 왔을까
어디로 갈까

어떻게 왔을까
어떻게 갈까

무엇하러 왔을까
무엇하러 갈까

왜 왔을까
왜 갈까

명치끝을 찌르는 송곳에
숨을 헐떡이고
허공에 시야를 던집니다.

먹이사슬 같은
자연적 본능을
부정함이 아니고
따로 뗀 자신의 모습을
조명해 봅니다.

나를 중심으로
있었던 일들을
되돌려 보고
일어날 일들을
가늠해
보자는 거지요.

어느 땐 가해자
어느 땐 피해자로서
시간과 공간상에 머물던

진정
가해자로서 죄책감과
반성에 충실했는지
피해자로서
분통의 고통 속에
항거와 절규를 했었는지

가해와 피해의 역할이
필연이라면
최소의 가해와
최소의 피해로
살 수 있는 건지

여러 준비한 음식메뉴같이
필요할 때 맞는
메뉴를 내미는
삶의 기술이
지혜로운 건지

도가 높은 현자들은
어찌 생각 하는지
얻기 힘든 화두를
스스로에게 던져 봅니다.

회귀(回歸)

사각 벽안에서
벽 밖의 도시의 울음에
귀를 막으며
적막강산에 취한다.

기억
몇 개
타고
넘어

뽀얀 젊은 시절에 당도하여
다른 꿈을 꾸어보고
다른 사람도 만나며
다른 길을 들어서 본다.

여기가 아닌 다른 곳에
다른 사람들과
다른 일을 하고 있을
나를 그려보며.

신기루

조회시간 장대 끝에 국기에 경례를 했었다.
종탑도 반듯이 서 있었고
잔디 위 하얀 백엽상도
네 다리가 수직으로 떠받치고 있었다.

읍내 담배 가게 양철 간판도 세로로 버티고 있었고
이발소 통돌이 간판도
세로로 오가는 이 부르고 있었다.

동네 어귀 느티나무는
구불구불 하늘을 향했고
논두렁 미루나무는
곧장 하늘을 찔렀다.

할아버지 아버지 삼촌 형 누나
사장님 이사님 부장님 과장님
군대는 계급 외 배치일 부터 서열이 있고
다큐물 야생동물도 우두머리가 중심인데

살아온 수직 세상은
인습이고 관습이고 전통이었으며
당연시 한 고정관념이었다.

이제

전통을 진화하는 꿈을 꿔본다,
흐트러짐 없는 수평적 평화
수직이 누워서 확장된 수평 공간으로
귀하게 여기고 사랑하는 마당으로

수직을 90도 꺾어 수평의 공간이 넓어질 때
개성이 빛나고 형평의 조화 속에
삶이 편하게 진보하지 않을지.

그늘

늦으면 없다
달음박질
생활정보지 쟁탈전

얼추 맞춰진 전기세
양초 치우고
냉장고 켤 수 있다

촛불 아래
아이 숙제
걱정은 풀렸지만

집세
생활비
늘 안개 낀 삶

신용카드 재테크
웰빙 명품
처음 듣는 말이다

어릴 때 가난은
커서도 벗을 수 없는 멍에라는
딸 일기장

모두 지우고
기억하기 싫은 기억들
탈출구는 어디에…

n·o·t·e

TV에서 현장르포 동행이란 프로를 보면서

좌우로 정렬

삶의 형태를 보고
고민하며
소리치는 구령

혼탁한 공기 속
삼라만상
무질서한 반상회

동량을 바꾸고
서까래를 다시 깔며
좌우로 정렬

동분서주 감당 못해
가쁜 숨 몰아쉬다
엎드려 맛보는 꿀맛 휴식

오류를 점검하고
충고를 받들어
재생산 여정이 고단하다

너와 나 따지지 말고
정직과 정의를 추구해
참 살맛을 느끼며

지나온 흔적 더듬고
배어있는 땀내 맡으며
살맛나는 세상 주역이 되자.

허(虛)

빗속
수성 페인트 칠한 퍼포먼서
끝을 정해 놓고
시작한 사랑

길이가 정해진
애처로운 양초
거의 소진한
휴대폰 배터리

동이 트는데
꽃잎을 열고 있는 달맞이
금 간 항아리 담긴
시한부 간장

입안에
녹아 없어지던 솜사탕
어름으로
지어놓은 아방궁

건망증 아줌마
냄비와
물에 떨어진 건빵의 팽창처럼
무용(無用)이 느껴진다.

내 그늘에
들게 하고 싶은데
그의 그늘에
휴식을 취하는 것처럼.

n·o·t·e

속이 허한 날

망우리 공동묘지

초입부터 들리는 함성
광화문의 그 함성 같구나.

수없는 빼곡한 둥근 집
광화문의 그 물결 같구나.

고사리 봉분의
맵시 있는 파마와
칡넝쿨 뒤집어쓴
손기정 월계관

단정한
아낙 머리 맵시도 있지만
삶터에 지쳐 있는
노숙자 모습도 있구나.

위치 크기 방향 제각각
할 말만큼 다양한 듯
억 겁의 세월을 흘러왔구나.

제단에 양쪽 기둥
고이 놓인 꽃다발
좌우 갈라선 관상목 시녀

이 동네 상류층이고
그만 못한 수준들이
양극화 현장이로다.

언젠가는 여기 들 때
무슨 보따리 지고 와서
님들을 위로할까.

희로애락 희석시켜
잘게 부숴 뿌려 없애고
조용히 전입하면
칭찬해 주실까

오욕의 세상을
매일 내려다보며
할 말 많을 텐데

오늘도 묵묵히
하루를 마감하며
다음으로 미루시나

조용히 밤을 기다리는
영령들이시어
편한 잠자리 드소서.

혼돈

여울목
소용돌이
꽉 찬 멀미

붕 뜬 몽롱함
미로 속 자궁벽
콜롬버스 신발견

독야청청 일념
흐트러지는
무아지경

동서남북
엉켜
끝없는 미로 찾기

공부

Study

소(牛)

불고기 국거리 전골 목심이라 하고
구이 스테이크 샤브샤브용 등심이라 칭하네.

구이 스테이크 산적용 안심이라 부르고
안심 위 쪽 일부를 채끝이라 정했네.

불고기 국거리 구이 장조림 앞다리 살이고
앞다리 살 위 쪽 뿌리 살이라 부르네.

구이 탕 찜은 갈비이고
국거리 수육 장조림용 배 부위 양지라 이름 지었네.

불고기 산적 육회 엉덩이 설도라 하고
불고기 육회 육포 산적용 설도 중간의 우둔이라 하네.

우둔 위 쪽 일부가 홍두깨 살
장조림 찜 탕 용 앞 뒷다리 사태

수육 국거리 의식용 소머리는 누구나 다 알고
사골 곰국에 제격 우족 또한 모르는 이 없네.

각종 내장과 부산물 용도별 사용처가 분명하며
각종 생활용품 신발 가방용 우피가 유용하고
코뚜레 워낭 귀 표찰 여러 소품과 상징물이네.

일하는 소든
고기용 소든
백익 무해 하구나.

우리 동네 만능 약국

음주와 스트레스에 지친 남편용
보약으로 마시는 수험생용 로열젤리
노약자와 갱년기용
성장을 위한 어린이용

혈관 노화 피부미용 항산화제
간 기능 알코올성 지방간용
손발이 차고 생리가 불순할 때
어깨가 결리고 쥐가 자주 날 때

만성피로와 식욕부진용
소화촉진 및 음식 투정 어린이용
불안 초조하고 가슴이 두근두근할 때
건망증에 짜증 잘 내고 깊은 잠 못 들 때
공부해도 성적이 안 오를 때

뼈와 관절 건강용
빈혈 및 급만성장염용
혈압 당뇨 고지혈증용
뇌 망막 세포 구성에 필수
트랜스지방 중금속 제거용
살충제의 대명사

아무리 찾아봐도
최고 정력용은 없는데
점잖은 동네 정서인지
약국 주인의 품위 때문인지

마트도 아닌데
웬
원 플러스 원

참나무

임진왜란 때 묵을 쒀서 임금 수라상에 올리다
수라상이 상수리나무로 개명하더니
사슴벌레 텃밭이고 술통 표고재배 참숯 굽기에 제격이고

옛날 나무꾼들 짚신 안창으로 쓰이다
좋은 목재로 사랑받더니
높은 산이나 불난 곳에 잘 자라는 신갈나무

가장 작은 잎사귀로
촉촉하고 그늘진 곳에 자라며
잎 뒤에 털이 있는 톱니 별명 졸참나무

강가나 산자락 낮은 곳에 자라며
크고 두툼한 잎에다 떡을 싸던
뾰족한 톱니 떡갈나무

골이 잘 펴지는 두꺼운 껍질 때문에
코르크와 굴피집 지붕을 책임지던
자갈밭의 굴참나무,

특징은 없지만
참나무 대열에 끼여 이런저런 용도를 대신하던
갈참나무

참나무도
아내와 아들딸같이
가족을 이루고 있네.

미용실

펄펄 열파는 열 펌
펄펄 열 펴기 매직
자연스러운 꾸미기 핀컬 펌
질감 살아나는 새도 펌

자연스러운 샤기 펌
볼륨과 웨이브의 조화 발롱 펌
아이들 특권 베이비 펌
뚜껑 연 팔레트
갖가지 염색약들

드라이도
물결 펌 바람머리 소도마끼
구부려 하는 세모도
뒤로 젖혀 천장 보고하는데

목에 힘 빼요 한 마디도
미용실에서는 일상의 대화로구나.